LETTRES À LUCINA

La Poésie du Quotidien

LETTRES À LUCINA

Recueil

© 2023 La poésie du Quotidien
Édition : BoD – Books on Demand, info@bod.fr
Impression : BoD – Books on Demand, In de Tarpen 42,
Norderstedt (Allemagne)
Impression à la demande
ISBN : 978-2-3224-8061-6
Dépôt légal : Juillet 2023

Remerciements

Un immense merci à Corinne pour avoir illustré avec tant de créativité, de talent… et de poésie, chacun des thèmes proposés.

Merci à Marianne d'avoir mis à notre disposition le cadre si agréable de la librairie *In Cuisine* à Lyon pour nos ateliers.

Pour finir, merci à Agnès d'avoir accepté le défi de lancer ces ateliers avec moi il y a deux ans.

Présentation de l'ouvrage

Après leur travail au bureau, à l'école ou à l'hôpital, après avoir vérifié que tout allait bien à la maison, ils s'échappent du quotidien le samedi matin dans une parenthèse poétique.

Pendant une saison, une fois par mois, Alice, Alicia, Bénédicte, Fanny, Isabelle, Lara, Marie-France, Véronique, Benjamin, Hassen et Pascal se sont laissé guider pour livrer un peu d'eux-mêmes au travers de la poésie.

Des couleurs à la photographie, en passant par le cinéma ou par la nuit, ils en ont fait un recueil : « Lettres à Lucina ».

Avec sensibilité, humour ou impertinence, avec leurs mots, ils partagent cette lumière, ... leur lumière, avec vous.

François Bataillard

Ville

Dans ma ville

Dans ma ville
Si brillante où
Chaque petit point est un être vivant
Je vais, je viens,
Je vois, j'entends.

Dans ma ville
Si bruyante où
Le silence se fait,
Bulle si rare d'absence
De cris et de mots
Je vis, je sens,
J'écoute.

Dans cette ville
Où chaque jour est un spectacle unique
Spectacle vivant, de sons et lumières
Où chaque âme respire en rythme
Je vais, je vois,
Je vis, en musique.

Véronique

Ma ville

Dans ma ville des lumières, idyllique
Remplie de monuments historiques
Aux allures gothiques
Point de couleurs psychédéliques
Mais une kyrielle de boutiques
Pavés, marchés, flâneries et musique
Et surtout ... ateliers poétiques.

Isabelle

Tricolore

Au coin de ce feu rouge j'attends
Comme tous les passants retardant leur trajet au gré de ces
feux clignotants
Je cligne des yeux et la lumière verte clame enfin son verdict
La voie alors se libère et le flux reprend
De rue en rue seuls ces feux restent immobiles, changeant de
couleurs au gré des vents
Je foule ces pavés gris faisant contraster ces lumières de la
ville endormie
Refoulant ces poussières
Comme un soldat aguerri

Bénédicte

Le choix

Dans ma ville adorée, fréquemment je me perds,
Être anonyme au milieu de l'immensité,
Je déroule les possibilités infinies
Théâtre, cinéma, visite à la biennale
Parc ou café, je décide ce que je veux
Je sens qu'autour de moi, aujourd'hui et hier,
Des choses importantes se sont décidées
Par ma présence aujourd'hui, j'ai l'impression d'y participer.

Lara

Nuit

Je suis la nuit

Voile obscur et incertain
Je floute les contours urbains
Et je couvre la ville de mystère
A la lueur des lampadaires
Étrangeté inquiétante
Peurs aveuglantes
Je ne suis pourtant
Qu'apaisement...
Fini le bruit et la course effrénée
D'un quotidien surmené
Tout devient calme et volupté
Dans les bras de Morphée
Où je me laisse bercer
Libérée de mes pensées.

Isabelle

Présence

La chambre qui m'éclaire
Au travers de ces bouts de verre

Il y a un espace entre toi et moi
Ce n'est pas de la peur

Chaque fois que je veux aller là-bas
Il faut toujours que tu pleures

Tu respires fort et du cries
Quand tu crois que je t'oublie

Benjamin

Alice

Elle est venue la nuit, couchée entre tes bras,
Je te découvre enfin replié dans les draps.
De ton timide sourire s'ouvrent des mondes solitaires,
Que je me presse de remplir de souvenir, d'imaginaire.

Je crains parfois d'être maladroit,
Comme tes étoiles confuses,
Celles qui pourtant me guident
Et qui deviennent des muses

Tu fermes les yeux, sereine,
Bercée de main aimante
Et tu rêves je l'espère
Au rythme de l'eau dormante.

Benjamin

Découverte des sens

Des étoiles m'en mettent plein la vue
À la fois
des étoiles confuses qui s'intègrent dans des mondes
solitaires

Pourtant,
elle est venue la nuit

Cette nuit

À la fois
Éclairante et sombre

Mon intuition me dirige vers ce lac
Je m'en approche et là...

J'aperçois de l'eau dormante
Cette atmosphère me rend si paisible

Et à la fois
Je suis émerveillée de voir une telle beauté...

Alice

Sensation

Je suis mystérieuse
Je suis l'ombre de mon inconscient

Ma conscience est éclairante
Elle me guide et me fait poser de bonnes questions

Je danse jusqu'à l'aube
La nuit est étincelante

Je suis parmi les étoiles
Je navigue dans des milieux obscurs

Je me transforme à chaque nouvelle lune
Ma température se refroidit

Je me modifie
Je me questionne
Je me change radicalement

Ma nuit ne dure pas dans le temps
J'ai hâte que le coucher du soleil arrive...

Alice

Noir d'automne

Les notes volent et virevoltent,
Elles tourbillonnent dans le chemin,
Se posent un instant au bord d'une flaque,
Sont la piste d'envol de quelques papillons.

Un instant de silence

Puis repartent de plus belle,
Prennent un virage,
Zigzaguent entre des peupliers
Et s'égrènent au fil du vent.

Alicia

Akai ito

Je suis la nuit,
Ce fil tendu entre deux jours.
Parfois fil à plomb,
Parfois fil d'Ariane.

Malgré ma noirceur
Et mon apparente torpeur,
Je suis fil de vie,
Je suis fil rouge.

On s'accroche à moi,
Au creux de son lit,
Pour traverser les songes
Et rejoindre un nouveau jour.

Parfois fil d'or embobiné,
Parfois câble électrique,
Je suis la nuit, et vous mène
Vers de nouveaux amours.

Parfois fil de soie fluorescent,
Parfois fil de fer éphémère,
Parfois corde de guitare,
Et souvent pont des arts

Alicia

Lumière

Bleu Turquoise

Surfer sur la vague, à la dérive,
Nager dans les eaux turquoise du grand bleu
Sous des cieux azurs aux nuances variées
Liberté chérie aux horizons bleutés
Point d'esquive...
J'arrive.
Possibles infinis, immensité sans fin.
Au clair de la lune bleue.

Isabelle

Je viens

D'où vient cette lumière ?
Des battements de mon cœur ?
De mon bouquet de prières ?
A présent je n'ai plus peur
Guidée par ses lueurs bleutées
J'avance sur la Voie Lactée à pas feutrés
Tout s'éclaire en un éclair.

Levez vos verres
À ses mystères !

Isabelle

.

[]

Elle évoque le jardin de ma mère, la nature,
La couleur qui reste de façon infinie
A la différence des autres qui passent
Elle est réputée difficile, ingrate,
Par les peintres, les coloristes
Difficile à associer tant elle est présente

Initialement, elle était rattachée à une idéologie,
À un mouvement
Dont elle se détache me semble-t-il
Enfin, et c'est pourquoi elle me plaît tant
Depuis si longtemps
Elle est singulière, présente, non consensuelle
Et fait partie de moi
Le vert ....

Lara

Éclaircies

Le rideau s'est levé sur la réalité du quotidien. Ce matin, à la vue de tous, ton histoire s'est contée. Et moi, avec mon casque et mes gros sabots, je décrirais méticuleusement la structure de ton abri avec la froideur d'un chirurgien fatigué. Puis, je rapporterais aux rapportés le fruit de mon impudeur expiée.

Pascal

Constellations

Ginkgo Biloba

Ginkgo Biloba, rêveur et nonchalant
Etendu de tout son long sur sa queue d'Aronde
Par une nuit d'été
Songe à cette fée échantignole
Aux pouvoirs lignivores
Que fera-t-elle de ses soirées magiques ?
Constellations lointaines
Poussières d'étoiles
Rêve félin.

Isabelle

Lettre à mes amours

Céleste est notre chemin
J'ai ma main sur ton sein
Toute nue dans les draps
Il n'y a plus que toi et moi
Même si mes pensées vont vers Gloria
Que de temps en temps je la revois
Mon corps, mon cœur, reste près de toi
Je te promets plus aucun faux pas
Même si Constance me suit jusque dans mes rêves
Notre histoire n'en était que brève
Une faiblesse qui t'accuse dès que j'ai les yeux fermés
Car je ne peux résister aux beautés incarnées
Gare à moi que tu ne connais pas encore Orphée
Cette brune qui a réussi à m'ensorceler
Son parfum, son regard m'ont rendu fêlé
Sur ton corps j'imagine que je peux l'embrasser

Benjamin

Aventure vertigineuse

Grâce à mes jumelles cet horizon attise mes sens
Au loin, cela me paraît infiniment impossible…

Chercher la destination en utilisant une carte, une boussole…
Vais-je trouver le chemin ?

Au cours de mon périple,
Je rencontre une personne qui me tend sa main
Son aide est si précieuse…

Ma vision n'est plus la même …
D'un coup, je me retrouve hors du temps
Je suis déboussolée par ce qui m'arrive

Je me retrouve face à moi-même

Pourtant

L'arrivée est proche, très proche même…

J'atteins enfin la ligne d'arrivée
Je me retrouve sur une plage désertique

Devant moi, une porte étincelante s'ouvre…

Alice

Fêtes de Noël

Le réveil sonne.
Ce matin elles partent.
Elles vont retrouver la grande famille réunie, cette année, de façon différente.
Ils vont tous arriver, échelonnés selon leur provenance.
Tous ces membres qu'on connaît depuis l'enfance, à la fois si proches et si lointains.
Elle cherchera dans leurs actes, leurs paroles, leurs attitudes, une ressemblance avec l'aïeul commun
Certains s'en défendent, d'autres l'acceptent.
Cela fait partie du socle de la vie.
Elle sait qu'elle emportera avec elle des souvenirs
de ces moments

Lara

Cinéma

Cornouailles

Debout sur les falaises de Cornouailles
Balayées par les vents hostiles
Arborant fièrement sa silhouette métallique
Arthur fixe l'horizon et le ciel azur peuplé d'oiseaux marins.
Les vagues scintillantes de mille pépites
Viennent se briser en contrebas et rythment ses pensées.
Le roi, légende intemporelle, figé dans son armure, attend,
Imperturbable.

Isabelle

Le salon

Elles se retrouvent, cela fait longtemps
Le prétexte est futile, comme tout prétexte
L'important c'est l'envie
L'impression que le temps n'est plus borné
Comme s'il ne filait plus
L'hôte laisse l'invitée dans le canapé confortable,
Au milieu des coussins brodés par des mains inconnues
Le chat vient sur ses genoux, heureux du moment
qui s'annonce
La lumière est douce et atténue nos fatigues
Un fond de lumière est présent
Le moment invite aux confidences.

Lara

Esquisses

Leurs pas dans le sable mouillé
Vestiges de leurs jeux, de leurs vies, de leurs heures
Les conduisent inlassablement
Vers cette écume rugissante
Vers ces eaux vivantes ;
A la lumière pastel du crépuscule limpide
Les silhouettes dansantes
Sont poussées, inexorablement,
Vers la barque oubliée.

Ils sont forts, ils sont fiers dans cette immensité
Domaine de calcaire, millénaires petits grains
Humides graines d'histoire si loin déplacées
L'arbre solitaire ne fléchit pas.
Il se découpe au milieu, dans la pénombre.
Pour écouter la brise respirer
Au son des mots doux.

Véronique

Obnubilé

Il n'y a qu'un pas pour créer, rendre l'éphémère éternel
là où s'arrête le temps.
Une minute, une seconde, que le monde se renverse, que
leurs yeux s'inondent d'onde.
Une lumière, un flash, écran noir,
IIs rêveront,
En redemanderont plus.
Fauteuil vide, cadre muet,
en attente encore du spectacle,
du grand rêve.

Benjamin

Vampire, vous avez dit vampire ?

Les douces collines entourant la forêt
Ces hauts arbres terrifiant les écoliers
Avec ces buissons renfermant des secrets
Qui poussent aux abords du palais

Vieux château maintenant décrépit
Ces murs noirs et son aspect appauvri
Une seule lumière se distingue dans la nuit
Tout en haut de cette tour infinie

Une silhouette apparaît, masculine dans ses traits
La fumée d'une cigarette vient masquer son sourire
Un couteau plein de sang dans son poignet
Et un cri strident soulignant son fou rire.

Benjamin

Coup de projecteur

J'attends dans cette foule, comme happée par les prémices de
ces images postées en avant-première sur les affiches du
cinéma
Marchant jusqu'à la salle obscure, sur ce tapis rouge qui
resplendit, le mystère s'installa
La salle regroupée, solidaire pour l'occasion, attend
patiemment que la petite musique se lance
On entend alors les derniers crépitements de popcorns grillés
et les chuchotements qui ne murmurent plus
La pâleur de l'écran laissant place à la salle qui s'obscurcit,
 le spectacle commence
Les premières images s'élancent, les téléspectateurs tels des
pantins ne bougent plus comme figés aux abords de la nuit
Les images diffusent des paysages variés
et plongent le public dans un émerveillement continu
Drame ou comédie, le septième art prend vie
Tous réunis, les émotions se confondent faisant resurgir
les échos des rires ou des sanglots retenus
Le clap final se fait entendre,
Les lumières de la salle sont revenues.

Bénédictc

Google Earth

Interrupteur, sur la droite : appuyer
Bureau, chaise, la pièce : allumer
Ecran, clavier, mot de passe : exécuter
Adresse web, moteur de recherche : consulter
Une boule, un planisphère, la terre : visualiser
Vision globale de la planète : mégalomaner
Destination en tête, décision : visualiser
Imagination, à fond : liberté !

La souris sur le tapis, annulaire, majeur : cliquer
Top départ, zoomer, dé zoomer : gerber
Astronaute depuis son pc, devant moi la planète
Et ses infinies possibilités.
Natacha Atlas la bien nommée,
Ta voix résonne au lointain,
On est bien peu de choses,
Et mon amie la rose me l'a dit ce matin.

Ashdé

Utopia

L'écran est énorme et tout blanc
Rectangulaire, il éblouit
Les premiers spectateurs entrants
Une moquette pourpre habille les murs
Une chaise fatiguée trône devant
Deux trois portraits sont accrochés
Dans cette ancienne salle impatiente
D'entendre des rires, des ho, des ha
Des pourquoi pas, des toujours ça !

Alicia

Dakota, neige, sang

Ce plateau blanc traversé par une route rectiligne.
Par une ligne de bitume qui fonce dans l'horizon des sapins.
En ce matin pur, les quelques renards qui parcourent cet
espace sont blancs.
L'air est glacial, la respiration forme des nuages opaques,
blanchâtres.

Cette atmosphère sans bruit devient de plus en plus
brumeuse.
Le blanc de la neige qui tombe se fond au blanc manteau des
pâturages.
On ne distingue plus qu'un seul élément, cette neige.
Ces flocons qui précipitent et s'amassent au sol.
Millions d'étoiles lumineuses et scintillantes.

Millions de cristaux aux formes incongrues, de dentelles
sophistiquées, ou de banales colonnes.
Millions de réseaux avec leurs molécules qui s'attirent par ici,
s'éloignent par là.
Et toujours, au centre, une petite particule de rien.
Une fioriture qui voletait au gré des vents.

Alicia

Clap, ça tourne !

La caméra
Est toujours là.
Moteur, ça tourne.
Le texte tourne,
Le décor tourne.
Et le clap clappe.

On change de scène,
La danse se mène
Une scène d'amour ?
Y'en faut toujours !
Et ça clap clappe

Entre ses mains,
J'suis un pantin,
Une figurine,
Le roi du film.
Là, ils clappent, clappent

Quand c'est fini,
Je suis fini.
Je rentre chez moi,

Je ne suis plus le roi.
Et le clap frappe

Pascal

Sons

C.C

Magique ...

Dans cette atmosphère féérique
Nulle panique car tout est fantastique.
Décors magnifiques et éclectiques
Entourent cette tique magnétique
Qui par sa rhétorique allégorique
Instaure une atmosphère épique
Connaissances historiques et géographiques
Sont au menu de ce pique-nique !

Isabelle

Musiques

Ces refrains lyriques
Qui me sont parvenus dans des heures féériques
N'ont jamais trouvé leur pareil !
L'authentique reste magique et poétique
Mais il est rare d'en pouvoir trouver ces mythiques plaisirs
Dont on n'oublie jamais, ô grand jamais
L'unique douceur des antiques mélopées.

Véronique

Folie de vivre

La fièvre folle
Fière et franche
Un peu frivole ;
S'envole !
Les vestiges de vies se fondent
Dans une saveur suave de l'oubli
A la faveur de lendemains fertiles.
Dans l'Ivresse de sens
Et cette avidité de sève vive
Celle qui nous fait vivre et assouvit la soif.

Véronique

Piano Gare

J'ai levé les yeux au ciel,
Le tableau des horaires était jonché de fientes,
Dans la gare, les pigeons avaient pris le pouvoir,
Annulé, reporté, décalé,
Un seul mot d'ordre : retard.
L'agitation, les inconnus qui se frôlent et se précipitent,
Comme une nuée d'hostiles insectes, qui crépite.
Les gares donnent à l'humanité,
Une détestable densité.
Où peuvent bien mener toutes ces trajectoires,
Qui débutent le matin et se terminent le soir ?
Mais voilà que soudain résonnent au loin,
Une voix par quelques notes de piano habillée,
Je ferme alors les yeux et j'écoute,
Le son de l'innocence retrouvée.

Ashdé

Les parfums de sa vie

Un autre matin, avant la nouvelle heure,
Elle allume la radio et dans la pièce,
Voilà que jaillissent les premières notes d'un air d'été.
Elle esquisse un pas de danse, elle commence bien sa journée.
L'amertume du café, son acidité, seront son unique pitance,
La fraîcheur du parquet sous la pointe de ses pieds,
Accélère l'éveil de ses sens,
Voilà que remonte jusqu'au creux de ses hanches,
Comme une envie de transe, un désir, une idée.
Du dehors lui arrivent les bruits d'après la nuit,
Les odeurs des matins endormis,
Elle n'a qu'une envie, se laisser envahir,
Par les lointaines nuisances,
Par la rue, par la ville et ses soupirs.

Elle a envie de lâcher prise, se laisser aller à l'errance,
Et ainsi composer, inspirée par son nez.
Il s 'agit de se laisser dominer par ses exigences,
Pour que résonne la saison, dans sa composition,
Pour qu'elle l'emprisonne dans son flacon.
Ses rêves ont toujours été par les parfums hantés,
Aujourd'hui son destin est tracé,
Elle est la garante des souvenirs fragrancés,
Idylles immenses, ruptures consommées,
Ou retrouvailles espérées
Elle est experte en essences,
Aujourd'hui elle écoute les échos,
Elle devient résonance.

Ashdé

Enfantillages et manèges

Une barbe à papa discute avec un ballon de baudruche.
La philosophie est leur passion.
Ils débattent longuement à califourchon sur leurs idées.
Oh là là ! c'est une possibilité... !
Certainement pas ... !
La mélodie de leurs discussions se propage
en des volutes de douceurs
à travers les ruelles du village.

Alicia

Om Mani Padme Hum

Un mandarin mandine,
S'envola pour un long voyage.
Il prit son walkman, son manga préféré,
Chemina de Manchester vers Mangalore.

Il fit une pause sur une branche d'amandier,
But une ou deux menthes à l'eau,
Mangea du manganèse,
Et reprit son envol.

Il admira des rayonnements mirobolants,
Des piments pigmentés de feu,
Des monuments immenses,
Des mangroves et des mangoustes.

Aimanté par un diamant,
Il poursuivit sa quête éperdument,
Et manqua l'essentiel,
La formule magique, son mantra.

Alicia

Photographie

C.C.

Clair-obscur

L'ombre a terminé sa course
Au lever du soleil
Elle a traversé mes rêves
Sans toutefois m'éveiller
S'est installée à pas de loup
Derrière le miroir

L'ombre s'est tapie
Derrière la rivière de ma vie
Pour surgir, en impromptue quelquefois
Et me faire un clin de lune

L'ombre est parfois saveur
Pour coucher sur le papier
Nos pensées refoulées

L'ombre est parfois douceur
Qui apporte l'écume des secrets
Que l'on partage comme un reflet à deux
Dans le regard de l'autre.

Véronique

Dépouillement

J'avais tout perdu !
Mon manteau, mon chapeau, mon marteau
Ma besace, et mon eau !
Il avait fait beau
Il avait même fait très chaud
J'avais erré trois jours, trois nuits
J'avais rencontré mon passé révolu
Un pantin de bois qui marche un peu fourbu
Un barbu échevelé
Un portrait aux traits tirés
Un visage un peu défait ...

J'avais dormi partout
J'avais souri, et même pleuré
De l'eau tiède non salée
Un peu trouble sans doute
Puis j'avais retrouvé, tel un homme de paille
En quête d'humanité
Cette eau, cette fontaine de jouvence
Où je m'étais endormi ;
Rasséréné.

Véronique

Rêveries

Dans la folie de mes rêves
Dans le plus fou du réel
Dans le repos mérité
Je bâtirais

Dans la folie de mes rêves
Dans le plus noble de mes gestes
Je conquerrais
Dans la folie de mes rêves
Dans le plus lointain de mes voyages
Je créerais

Dans la folie de mes rêves
Dans le plus beau de cette trêve
J'aimerais,
De tout mon soul
De toutes mes forces
De toute mon âme.

Véronique

Noir et Blanc

Où est passée la poésie
Où sont donc mes amis
Dans cette ville déserte
Qui ravive la perte ?
Je regarde en cage
Ce nouveau paysage

Le monde vivant a-t-il disparu
Où sont les anonymes et tous les inconnus
Que je croisais hier encore, dans cette rue ?

Penchée à ma fenêtre
Je n'ai aucun bien-être
Le vide et le silence
Ont empli mon espace.

Le blanc du temps qui passe
A terni mes couleurs !
Vivement que cesse ce long confinement,
Je veux ouvrir mon cœur.
Retrouver le printemps !

Marie-France

Dans mes rêves

Je suis l'Ombre qui vous suit
Je suis votre conscience enfouie
A une époque, je fus Charlie !
Brigand, activiste aujourd'hui,
On voudrait me faire taire
Quand je lève mon poing en l'air.
Mais tant que je serai sur terre,
Je défendrai mes idées, fier
De mes valeurs, de mes combats.
Je veux la Justice ici-bas,
Que la fraternité guide mes pas
Et que vers vous, j'ouvre mes bras !

Marie-France

Histoire étrange

Je suis celui que vous ne voyez pas.
Lutin des bois, j'ai envahi la ville
Quand vous n'y étiez pas.
Mais soyez bien tranquille,
Je ne fais que passer
Pour boire à la fontaine.
Et dans vos rêves éveillés,
Je soulage vos peines.

Marie -France

Pride

La forêt de cheminées avait depuis longtemps gagné sur la
forêt de peupliers.
Des immeubles immobiles tremblaient derrière des auvents
trop fragiles.
Les pavés attendaient sagement la révolution.
Bientôt, les chars envahiraient la ville.

Des chars multicolores et arcs-en-ciel qui redonneraient
couleur et joie de vivre à la morosité standardisée une photo
en noir et blanc.

Pascal

Connemara

Souvenir d'Irlande, il y a tout juste un an
Objets et paysages,
Une campagne verdoyante
Va, ma fille ! chercher les petits agneaux
Encore apeurés, refusant tes caresses
Nous voici réunis
Il fallait bien ce prétexte,
Rompre le quotidien.

Lara

Argentique

A peine arrivé dans cette ville désertique
Je panique ...
Point de cafés, point d'amitié
Tout est fermé à clé
Alors, quel espoir
Pourrais-je avoir ?
Cette fontaine où je m'appuie
Me redonne vie
Dans ces eaux endormies
Je puise mon énergie
Et je reprends le goût et l'envie
De joies infinies.

Isabelle

Photographie ancienne

C'est au petit matin, ou peut-être tard le soir,
Que j'arrive dans cette ville, pour poser mes valises
Malgré le printemps, qui étoffe les arbres de ses petits
bourgeons
Ce qui se dégage est d'une tristesse infinie
Que ne vient pas adoucir le ciel chargé
Ces fenêtres sans rideau sont comme un viol de l'intimité
La seule lueur d'espoir est portée par les cheminées,
dressées vers le ciel.

Lara

Mots

Premier roman

Il y a les pions distribués,
Le jeu de cartes étalé,
Ces rails sur lesquels tu es bien installée.
Et soudain vient l'écrit,
Une fiction, un sentiment, un récit.
Du passé, du présent, du sang.
Le feu, le froid, la pluie, des éléments,
Une généalogie.
Ce soir tes lettres enlacées, par le rouge scellées,
Par petites touches se mêlent,
A tes mots d'amitié.
Il se dit que désormais tu es nouvelle,
Moi je dis qu'évidemment tu es Roman.

Ashdé

Solitude contradictoire

Sans toi
L'eau était limpide

Je suis moi la clarté
de ton toi

Mon eau transparente est partie
sans toi

La bleutée de mon moi est toujours là…

Alice

Une vie riche

Curieux, curieuse…
Se laisser prendre au jeu de sa curiosité…

Découvrir
Se renseigner
Apprendre
Jouer
S'enrichir au quotidien

Milles façons d'absorber ses savoirs à sa guise

Peut-on dire que la vie est remplie de richesse à sa manière ?

Alice

Le Profanateur

Profanateur
Tu t'étonnes que ta vie parmi
La poussière
Le bois des cercueils-
cèdre, chêne et ébène
du noir le plus profond
Parmi les ossements, rongés
Foulés, brisés de tes pieds et
de tes mains
Tu t'étonnes que ta vie
Te tue

Tu t'étonnes,
Toi qui fouilles dans les
vestiges d'aimés
Disparus
Qui prend
Rapace
Les objets chers
d'êtres chers
Qui ne sont plus

Tu t'étonnes du vide
Du vide comme une tombe
En toi
Du gouffre de terre et de vers
En toi
Sacrilège,
Maintenant à l'orée de ta
mort
Tu t'agites et tu pries,
Mais tu ne sais que trop
L'avidité
L'immanence des corps
Et leur fragilité
Le ciel est vide,
Le trou à tes pieds
T'attends
A ton tour

Profanateur,
Tu seras profané

Fanny

Sans joie

Sans joie, je ne sais plus
Sans joie, tu n'es pas toi
Sans joie, il est reclus
Sans joie, elle ne croit pas
Sans joie, nous sommes las
Sans joie, vous êtes quoi ?
Sans joie, ils sont vains
Sans joie, elles sont « chagrin ».

Isabelle

Le Manque

Ce qui me manque aujourd'hui
Ce n'est pas de l'argent
Ce qui me manque aujourd'hui
Ce n'est même pas du temps
Ce qui me manque aujourd'hui
C'est l'odeur de ton café le matin
C'est ton visage et tes mains
Ce qui me manque aujourd'hui
C'est ton rire joyeux m'accueillant
C'est l'espoir dans tes yeux scintillant
Ce qui me manque aujourd'hui
C'est TOI VIVANT !

Marie-France

Aisance des Mots

Mais qu'est-ce donc que la poésie,
Un joli trait, un mot précis,
Un joli mot, un trait d'esprit ?

Si c'est ainsi, alors je vous rejoins
Vous les Poètes, les Arlequins,
Vous qui marchez un peu plus loin
Avec votre air taquin !

Vous savez bien que
Les plus beaux poèmes sont nés
Sous la plume trempée
Dans l'encre du désespoir
Ou des chagrins d'un soir.

Vous le savez bien que
Tous nos mots d'amour,
Nos belles lettres secrètes
Ne verront peut-être
Jamais le jour !

Mais malgré nos cœurs endoloris
Continuons quand même mes amis
Car tous ces mots que l'on saisit
Nos traits d'humour et nos écrits
Nous font partir en poésie.

Marie-France

Sagesse et Allégresse

Je les aime bien la peau blette
Mes belles aventures coquettes
Elles ont souvent le style éditorial
Celle que je rencontre sur le littoral

Je sais qu'il faudrait que cela cesse
Car souvent elle me rabaisse
Surtout depuis que j'utilise un chausse-pied
J'ai l'âge et l'âme assermentés.

Je confonds lundi et jeudi
Je cherche à tromper l'ennui
Les femmes parfois je les oublie
Pour profiter de mon hydroglisseur
Qui m'apporte plus de plaisir que de malheur.

Le soir je m'endors complètement ampoulé
Seul dans mon lit plein de billet
Leurs haussements souvent me sont rappelés.

Benjamin

Le Plumeau

Plumeau, plume d'oie, plumard
Je ne veux plus vivre dans ce placard

Plumeau, plume d'herbe, plume d'ange
Il est tant que tout cela change

Plumeau, pluvieux, plus tard
Tout ceci n'est pas dû au hasard

Plumeau, plus toi, plus elle
Je te quitte au fond de cette ruelle

Plumeau, plumeau, plumeau
Tu le trouveras au fond de la poubelle

Benjamin

Je rêve

Je rêve d'ici et d'ailleurs
Je rêve en noir et blanc
De fleuves et de lacs d'argent.
Je rêve d'impermanence et de changements, `
Je rêve d'éloignements,
De labyrinthes et de chiens errants.

Je rêve de cartes et de trajectoires,
De vers écrits lorsque vient la nuit,
Et au matin lorsque le soleil s'anime,
Les paysages intérieurs nous éloignent de l'abîme.

Je rêve d'ici et d'ailleurs,
Je rêve en couleurs,
D'estuaires et de cheminements,
De rémanence et de rapprochements,
Je rêve d'Orient.

Je rêve d'envies avouées,
De délicats épidermes, par la caresse, éveillés,
Je rêve de courbes, par le désir, esquissées.
Il se dit que la poésie réécrit la vie,
Alors viens et ensemble inventons,
Une cinquième saison.

Ashdé

Table des matières

Titres par auteur